아무도 없어요

아무도 없어요

박서원 시집

( )최측의농간

일러두기

1. 이 책은 박서원 시집 『아무도 없어요』(열음사, 1990)의 복간본이다.

2. 맞춤법과 외래어 표기, 문장부호의 경우 현행 국립국어원 규정을 원칙으로 삼되, 띄어쓰기는 최측의농간 자체 규정을 따랐다. 다만 작품의 분위기에 영향을 미칠 수 있는 시어들은 저자의 의도를 살펴 초판 그대로 두었다.

3. 시의 한 연이 첫 번째 행에서 시작될 때는 <로 표시하였다.

차례

제1부

시간의 날개밭에서	11
나의 호텔	13
엄마, 애비 없는 아이를 낳고 싶어	15
아픈 꽃을 보시겠어요?	18
판토마임	20
실패	22

제2부

병원 · 1	27
병원 · 2	29
발작 · 1	31
발작 · 2	33
안구회전증	35
악몽	37
정신착란	39
학대증 · 1	40
학대증 · 2	42
변명	43
병 · 1	45
한 달	47
두통	49

제3부

단 한 번 마주친 눈길 53
5월 55
자극 57
당신과 내가 마주 누우면 58
버찌 60
아무도 없어요 61
필름 64
지구는 돌아간다 66
두려움 67
누가 나에게 68
슬픔은 슬픔에게 70
알밤 71
우리는 모두 피로하잖아 72
소망 74

제4부

예수의 일생 77
탈혼 78
단식기도 79
긴장 81
천사 83
산 84

정경	85
가을이 오니까	86
기도	88
침묵하는 눈에는	90

제5부

메아리	93
불	94
그림자	95
나의 나비	96
갑자기	98
밤	100
모이를 쪼는 비둘기 떼	101
아담한 내 방	102

제1부

시간의 날개밭에서

얼굴을 보이지 말아다오 오오 얼굴을 보여다오
골수까지 내장까지 없어진 너희들의 마음까지
보여다오 보이지 말아다오
나는 이 외곽에서 너희들에게 말을 건넸는데
성난 목소리 즐기는 목소리 그것도 아닌 너희들
목소리의 갈대밭
나는 휩쓸린다 갈대밭에서 들리지 않는 너희들의
목소리와 들리는 너희들의 목소리와
나는, 나는, 말하는 나와의 이 경계에서
정녕 분간치 못할 너희들과 나와의 시비
나는 빼앗기려고 너희들을 기다렸다
나는 되찾으려고 너희들을 기다렸다
오오 너희들 내 괴로움과 즐거움의 족속들
매일 무성하게 뿌려지는 너희들의 혁명을 보여다오
보이지 말아다오
나는, 나는, 나의 변두리
변두리에서 너희들에게 손을 내미는 나
나를 버리지 말아다오 나를 버려다오 제발

매일, 매일의 똥밭에서
시간, 시간의 날개밭에서

나의 호텔

비로소 완벽해진 나의 사회
이곳에선 잘 보이려고 애쓸 필요가 없지
이젠 긴장을 풀어도 좋아
하늘에 계신 우리 아버지가 무색해지는
여긴? 어디?
선착장에 매여 있는 배처럼 단정한 건물 한 모퉁이 방
그래 난 방 안에서도 눈길을 수없이 걸었지
하얀 와이셔츠를 하이타이에 빨아 헹구는 듯이
뭐랄까 번쩍, 벼락이 바람을 뚫고 호텔 유리창
문을 두들겼을 때,
느닷없이 떠오른 첫날의
바로 당신 아버지와 남편들
선연한 자리에 티끌처럼 사라지던 평생의
원수들 파멸의 섹스 색골들의 공장
더 이상 태어난 걸 저주하지 않아도 되었어
다시 내 몸을 선사받다니 무시무시한 어두운
쾌락으로부터의 이 해탈

<

이곳은 너무나 안정되고 혹은
안정의 정반대에서 나를 내몰고 가꾸고
나의 호텔에서 나는 나날이 자라나지
머지않아 새로운 연인들이 찾아와 깃을 칠
이곳

엄마, 애비 없는 아이를 낳고 싶어

엄마, 애비 없는 아이를 낳고 싶어
가로등 밑으로 머리숱 많은 여자가 지나가고
하얀 자동차 세워진 도로에서
엄마, 애비 없는 아이를 낳고 싶어
모든 게 진실하기만 하다면 얼마나 욕되겠어
싸울 게 없는 일방통행인 우리는 얼마나 불행하겠어
때로는 가식이 필요해
엄마, 아직 이른 새벽에 부슬비 오는데
이빨을 갈며 불온한 서적을 태우고 바로 당신이었던
육체에 세계를 심겠어 아이를 낳겠어 술을 마시면 더욱
맑아지는 정신으로 나만의 몫이었던 죄와 폭발만 살찌는
불바다에서 두 눈을 부릅뜨고 애비 없는 아이 하나 낳겠어
은구슬 금구슬 꽃따라 철따라 피어나는 백모란 밤마다
꿈마다 피어나는 가시밭
흥분한 채로 겨울의 찬 공기 달려가며
등에 난 내 혹을 키우겠어
검은 비옷을 입고 소름을 키우며
모든 걸 부정하며 그토록 충실하려 드는 세계 악마의

휘발유 아아 살해하면서
　애비 없는 아이 하나 낳겠어
　천 갈래의 길을 묶어
　비참할수록 평온한 일생의 아이

　엄마, 비틀거리는 강산 비틀거리는 조국 방방곡곡
팔다리가 가느다란 사람들
　청천벽력 종려나무 참나무 아래
　엄마, 애비 없는 아이를 낳고 싶어 모욕을 받고 싶어 만일
모욕이 없다면 우리의 나날은 얼마나 지루하겠어 때로는
잃어버린 고통을 찾아 나서야 해
　엄마, 아직 깊은 겨울 눈은 내리는데
　한 계절 동안 햴쑥했던 얼굴을 벽에다 짓이기며
　바로 당신이었던 세계에 경멸을 심겠어 아이를 낳겠어
엄마, 은방울 금방울 아직은 순결한 종소리 용기와 열정이
빨아먹을수록 말라가는 하늘 아래 망가진 인형을 꿰매며
　어두워지면 한껏 타오르는 난로에 양은 주전자 가득 물을
끓이고 마약보다 화려하게 가랑이를 벌리고 악을 쓰며

애비 없는 아이 하나 낳아 보이겠어
　저녁 정거장에 쭈그리고 앉아 하염없이 껌을 씹던 나의
그리운 형제 곱지 않은 피부, 등에 짐을 지고 떠나는 사람들
두고두고
　살 껍질을 벗기고 뼈를 갈구며
　병든 밭을 일구는
　커다랗게 커다랗게 탄생하는 붉은 혀의 아이를

아픈 꽃을 보시겠어요?

아픈 꽃을 보시겠어요?
선인장의 살 껍질을 말아 올리고
붉게 붉게 서려올라
어머니가 기워주시던 옛날
뚫어진 양말처럼
하루하루를 홈질하여
황혼 녘에 높다란 집 하나 짓는
수고로운 꽃을

깨끗하고 편안한 침대는 악이어서
날마다 밝은 시련으로 몸을 돌리는
더듬거리며 이어가는
아픈 꽃을 보시겠어요?
명성이라든가 낙태한 여자의 부도덕
말고는 할 말이 없는 당신들
회가 동하게 하는
꼽추 춤을 애꾸 춤을 보시겠어요?

＜

몸 털고 달려 나온 봄의 들판
역겨워 달아나는
선인장의 구토
구토가 나는 꽃을 보시겠어요?
손톱과 발톱으로 기어 산을 오르는
독이 오른 파란 꽃을
행운의 꽃을

판토마임

 누구나가 그럴듯하게 조금씩은 연기를 잘해내지만 내 연기는 특별한 데가 있어. 가족들과 사람들의 시선을 단번에 끌어모아 비난의 감탄을 자아내게 하지. 내가 아무리 아파서 발버둥 쳐도 동생은 신나에 뿌려진 불덩이처럼 미쳐 날뛰는 "쇼"라고 말하고 동네에서는 망나니라고 혀들을 차거든.

 그들의 말이 사실일지도 몰라. 태양과도 같은 판토마임을 향해서 속력을 내는 건지도.

 한 번도 내 자신을 속이지 못하는 것. 이 천형을 미치광이라니.

 "쇼"라니.

 "쇼"라는 게 별 게 있어. 보여지는 게 "쇼"지. 사실 무대와 현실은 무슨 차이가 있는 것도 아냐. 위치에 따라서 모양이 바뀌어 보이는 의자와 걸상의 관계지. 혹은 양말과 장갑의 관계.

 그러고 보면 훌륭한 관객은 매우 드물군. 내가 괴성 대신 노래를 부른다면 훌륭한 관객은 박수 대신 야유를 보낼 테니까.

하지만 아무도 몰라주는 내 판토마임은 결국 시정하지 않으면 안 되었어. 누군가에게 기대한다는 것이 얼마나 바보짓인지.
 길고도 긴 세월. 난 드디어 기막힌 판토마임을 생산해냈지. 식사 때나 잠을 잘 때나 화장실에 앉아서도 더더욱이 예배당에 갈 때는 목을 석 자는 더 빼고 나는 종…… 종…… 사람들이 때리면 때리는 대로 징 징 징 울리는 종처럼 종…… 종…… 종…… 신음하고 신음했지. 음미했지. 과연 효과란 얼마나 멋지고 단단한 칼집과도 같을까. 망나니에서 요조숙녀로 탈바꿈한 이 기막힌 묘기.
 내 연기는 역시 특별한 데가 있어. 이제는 모두들 내가 부러워 질투를 하지. 매번 내 자신을 속여서 보여주는 것. 이 천형의 모범을.
 "쇼"를

실패

 최대한의 결단이 필요한 건 아니었어 계절이 바뀌면
달라지는 모든 것들처럼 나로서는 자연스러운 결단이었지
하지만 식도에서 위로 기계가 들이닥쳤을 때 아뿔싸!
 내 사업은 끝장이 났고 후레쉬처럼 터지던 욕, 욕의 다발
의사도 간호사도 친척들도 사람대접을 안 하더군

 난 태양을 찬미할 수 없게 되었지 건강을 집요히
추적했지만 12시간을 자야 정상인 나에게 세상은 무리였어
이파리 한 조각도 무거워 항상 헐렁한 걸 원했지 누구나가
살아가는 방법을 익히지만 난 그게 왜 그리 어려웠을까
 제기랄, 근데 실패하고 말다니 연습이 아니었는데도
그건 살아있는 파멸이었어 검은 밧줄, 괜찮은
유희였는데도 말야

 내 나이 스물두 살 적에 그러나 너무 늙어버린 나를
아무도 믿지 않았겠지
 산다는 건 정말 머리칼을 낚아 채이고도 대머리가 되길
기다리는 준비운동이랄까

어처구니가 없지 당신들, 무더기로 비난하지 마
아가리가 커다란 검은 동굴, 날아다니는 박쥐 떼 그따위
상투적인 죽음 이미지 말고 구체적으로 설득력 있는 나의
죄를 물어줘

제2부

병원 · 1

곪을 데가 필요하십니까
물론 만발한 꽃은 없지만
에나폰
트리민
디아제팜 따위는 있습니다
한번 입원하면
그 맛을 잊지 못해 찾아오는
여긴
물론 당신의 꿈이나 여행을
팔지는 않지만
신선한 병은
얼마든지 있습니다

불면증에 시달리십니까
걱정하지 마십시오
불면증은
눈이 멀어도 볼 수 있는
수정(水晶)의 나라

곡식들이 자라나진 못하지만
만져보면 당신의 친구가 되는
얼음의 등불이 있습니다

무엇이 걱정이십니까
물론 병원엔
늘 휘황한 거리와 음악은 없지만
늘 당신이 꿈꾸는 어여쁜 죽음이
사방에 진열돼있습니다
더 이상은 두려워 마시고
당신의 영원한 병을
사러 오십시오

병원 · 2

당신의 정신이
썩어야 한다는
결심이 서면
여기로 오십시오
팔 병신
다리 병신
너도 나도 병신
병신끼리 살다보면
어느덧 은총의 소리가
들린답니다

분열증에 시달리십니까
염려는 금물입니다
분열증은
아무나 오고
떠날 수 있는 데가
아닌 곳
가만히 귀 기울여 보십시오

당신의 머릿속에
가득 찬 우주가
제각기 떠들고 있을 뿐이라는 걸
아시게 될 것입니다

비웃지 마십시오
당신의 병은 이제
병과 병과 병을 앓다가
당신만의 찬란한 병원에
다다를 것입니다

발작 · 1

사지는 마비되려 했어
신경은 끊어진 필라멘트

땅 위에서 걷지 못하는 나와
모여드는 군중

누군가가 말했어
「발작하나 봐」
「간질인가 봐」

나는 말하고 싶었어
헌데 무얼 말해야 하지?
아직 귀여운 아가씨인 내가

그렇지 않아도 병원에서 오는 길이라고?

누군가가 또 말했어
「구경 그만하고 가자」

〈

나는 행복하게도
이 시대에 살고 있지 않았던 거지

누군가가 가다가 되돌아왔어
「좀 더 구경하고 가자」

발작 · 2

식구들은 내가 계절마다 선물한 건 벌써 잊어버렸죠
젖은 땅을 헤치고 나온 땅강아지 이야기 따윈 안중에도
없었죠
눈이 오고 비가 오고 내가 매단 수은등이나 전등갓
따위가 낡아갈수록 식구들은 건강해져서 외려 나의 헤픈
자살기도를 들추어내고
그만 무색해져 버린 나는 작아질 대로 작아져서 정말
입김에도 날아가 버리는 검불이 될까 수없이 걱정했었죠

문득 날이 가는 소리에 놀라 깨면
온몸이 아파서 불에 구운 오징어처럼 오그라들고
4월의 밤하늘에 휘날리던 목련꽃의 병원,
스트레쵸카에 실려 각혈하던 아버지가
마침내 붉은 목련을 피워내고 있구나, 기억이 떠올랐죠
나는 그때 많은 사람들과 분리되어 가고
내가 다스릴 수 없는 내 생애는 시작되어
나도 아버지처럼 자주 입원을 했었죠
그럴수록 식구들의 식욕은 왕성해져서

내가 없는 집안은 환하게 불타오르고
나의 살갗 밑으로는 애정 대신 소독약이 흘렀죠
쇠창살의 병실에서
어릴 적에 집어먹던 고소한 애비오제처럼
작고 귀여운 알약들을 자꾸 집어먹었죠

안구회전증*

 버스를 탔어요. 갑자기 그 증세가…… 그만 손잡이를 놓쳐버렸어요. 누군가 자리를 양보해 줬지요. 나는 작은 우편함에서 썩어가는 크리스마스카드처럼 숨고 싶었어요. 완전히 해체되어버리길 원했어요. 강물과 강물을 넘어서서 새 한 마리도 없는 하늘에 버려지길 원했어요. 아 아 부드러운 사탕이나 아이스크림이 필요했어요.
 사람들이 웅성거리기 시작한 걸 귀로 보았어요. 내 눈동자는 공중을 향해서만 치솟았어요. 버스는 달리고 있었지요. 나는 숨고 싶지 않았어요.
 개구리 반찬.
 정지된 화면 속에서 너무나 많은 것들이 튀어나오고 있었어요. 수염이 잘린 귀뚜라미. 고름을 흘리며 물고기를 삼키는 해골이 강물을 철벅이며 내게 오고 있었어요. 아아 환상. 조금도 무섭지 않았어요. 두려움이 두려움을 잡아먹었어요. 절대로 혼란을 사랑하지 않는다고 타일렀어요.

 내려야 할 곳이 어딘지 알 길이 없었지요.

몽당연필, 멍울진 다리가 한꺼번에도 아니고 조금씩 잘려 나갔어요. 해진 커튼이 펄럭거렸어요. 봉지에 모아두었던 꽃씨들이 지천으로 흩날리었어요. 어항이 깨졌어요. 분노. 그래요. 분노. 현실이었어요. 꿈이었어요. 아아 시체처럼 파먹혀들어가는 하늘, 쓰러지지 않으려고 발버둥 쳤어요. 누군가의 따스한 손이 내 어깨를 부축했어요.
　나는 조용히 내 울음을 즐겼지요.

* 눈동자가 위를 향하고 목의 신경이 뒤로 젖혀지며 마비되는 현상.

악몽

밤에 잘 때
은순이는 눈을 뜨고 잔다
눈을 뜨고 꿈을 꾸면서
살아 있는 것들과
죽어가는 것들의 싸움을
풍랑이 이는 바다와
파선되는 고깃배를 본다
은순이는 꿈속에서,
꿈속에서 볼 수 있는 것만
보고도
10년 동안의 인생살이를 겪고
잊혀 가는 많은 일들을
제자리로 한 데 모아
길고 긴 상처를 만든다
은순이는 잠을 자면서도
눈을 뜨고
잠을 자면서도
평소보다 더 큰 소리로

비명을 지른다
비명 속에는
날아가는 비행기와
비늘이 벗겨진 생선과
꽃잎이 다 떨어져 버린 줄기가
무슨 전염병처럼
제 몸을 늘이고 있었다

정신착란

어두운 복도였다
길고 긴 뱀의 등허리
아니야 대가리를 자르는 작두
그건 결코 여자가 아니었다
그건 결코 남자가 아니었다
마주치면 파괴되어버리는
차디찬 정욕
소망이 소망을 배반하는
소망
푸른 새벽에 목욕하는
창부
창부의 흐느끼는 이빨들
껴안을 수 없는 육체
흐느끼는 모든 것들이
찰나의 환상으로
오직 한곳을 향해
질주하는 폭력

학대증 · 1

파랗게 파랗게
죽어 가거라
내가 잠드는 베개의 체취
어제 오후에 산 양산, 구두, 핸드백
살아나는 모든 것들에게
침을 뱉고 욕을 하고
1년간 가졌던 정사
거기에 퍼렇게
곰팡이는 피어 나거라
하루 종일 씹은 껌, 도시의 빌딩
봄이 내리는 길 위에
내가 밟고 가는 자리마다
고통은 춤을 추어 기쁘게 하거라
나 자신도 모르는 비밀
나도 모르게 나를 말리는 비밀
살아서도 살지 못하고
다만 우울의 향기에 취해서만
힘을 얻은 내장

거기에 피어나는 것들이란
씻어도 씻기지 않는 환상
고통은 절정을 이루어라
가끔씩은 명상 속에서
새로이 태어나는 나의 육체에게도
퍼렇게 퍼렇게
독은 퍼져 죽어 가거라

학대증 · 2

갈증은 갈증을 위해서 존재했어
다만 갈증이 갈증 사이를 뚫고
3월의 눈을 내리게 할 때
눈은 나의 마디마디 뼈가 되어
창가에 주저앉았지
마당 한 귀퉁이에선 씨앗들이 저도 모르게
자라나고 있는데
뭐 눈이 내일도 내릴까 걱정하지는
않았어
모태부터 저주받은 몸뚱이가
저주를 받아야 제 힘을 얻는 것은
3월의 눈이 내리는 이유와
같아서
갈증은 오히려 꽃 대신
마디마디 내 뼈를
살찌게 할지도 모르니까
그러니 갈증은 갈증을 위해서
3월의 눈을 내리게 해

변명

바람이 불어서였다.
아무도 없어서였다.
허공에서 허공만을 나르는 나방이
거미줄에 걸린 순간
내 이마는 조금씩 조금씩
무너지기 시작했다.
불현듯 바다가 보고 싶어
불현듯 암흑이 보고 싶어
옷을 찢고 살을 찢으며 기다린
해후였다.
찢어진 나방의 날개였다.
물도 마시고 싶지 않고
잠도 오지 않았다.
머릿속에 수만 마리의 유령들이
득실거렸다.
침전되어 흐르던 희디흰
절망
사실 아무도 원하지 않아서였다.

수면제가 떨어져서였다.

병 · 1

네가 없으면

내가 없어서

꽃가루 날리는 날엔

실신하도록 커피를 마셔

열 잔쯤 커피를 마시고도

실신하지 않으면

나는 불을 있는 대로 다 켜

형광등, 알전구, 촛불, 스탠드

그러고도 부족하면

옷을 벗어

옷을 벗으면

30년 동안의 고독이 눈을 뜨고

서른 개의 육체가 일어나

깃발을 나부끼지

깃발이 나부끼면

높지도 낮지도 않은 기억이

작열하는 의식으로

피부에 달라붙어

피부는 슬픔을 감추는 신비
이윽고 주변으로부터
대낮이 몰려와
열려진 대낮에
너의 뒷모습이 보이고
그러면 존재하는 나와
존재하지 않는 내가
니코틴이 쌓인 머리를 털며
네 속에 파묻힐 수 있어

한 달

한 달 동안 놀았다
논다는 개념에 시달리며
혼자였던 시절에 시달리며
갓 들어온 올케와
갓 제대한 막냇동생 때문에

이렇게 웃음꽃이 피는 가족과
혼자 살 수밖에 없었던 과거가
무슨 영화의 콘트라스트가 되어

문학 같은 거 집어치우고
예술 같은 거 더더욱 집어치우고

비디오와 라디오 농담
비빔국수 되어

신경증에 시달렸던
내 평생에

농익은 오렌지 되어

놀아라. 놀아라. 놀아라.

신앙 같은 거 잊어버렸다
깨어있으려는 의지도 잊어버렸다

서로를 저버렸던 과거 같은 거
지지난밤 울어대던 도둑괭이에게
던져주었다

두통

냉장고에 머리를 쳐
넣었어
콘크리트의 균열 틈으로 새는
물보다 더 찢어져 가는
머리
냉장고 속에는
죽은 생선의 눈깔이
팽이처럼 돌고 돌아
눈을 감아 버렸어

제3부

단 한 번 마주친 눈길

그러니까 그건 천지창조였어
이브가 놓쳐버린 사과
지상으로 떨어진 순간이었어
비도 오지 않는 파아란 하늘이
섬광으로 번쩍이고
바다는 바닥을 드러내면서
산호초, 멍게, 말미잘, 물고기를
날려 보냈지
그러니까 그건 파열되는 의식이었어
새로운 질서였어
아담이 옷을 입고 지상으로 내려온
순간이었어
섬 끝에 걸렸던 바람 하나가
월계수 이파리 물고
고래의 무덤을 삼키며
걸어왔지
24년 동안의 고립이 무너지고
자존심은 걸레였고

찬란하게 불안이 나부꼈어
불안이 나부끼는 지상,
그러나 뒤돌아보면 어느 틈엔가
현란한 꽃들이 터지고 있었어
그러니까 그건 천지개벽이었단
말이지

5월

하얀 옷을 입고 오너라
바구니 가득 빨갛게 여문 딸기만
담아
또 너의 머리칼에는
바닐라 향기 촉촉이 풍기면서
하늘거리지도 말고
무뚝뚝하게도 말고
있는 그대로 오너라
있는 그대로 와서
너의 벗은 몸을 보여다오
몸은 언젠가 사라지지만
내면 가장 깊숙한 곳에
닿았다 가면
커다란 태양의 눈이 되어
온누리를 밝히게 되지
숨죽였던 벌레들이 되살아나고
갇혔던 자유가
가장자리부터 밝아오지

그러니 너는 어서
하얀 옷을 입고
사랑하기 전에 바칠
눈이 밝은 비둘기와
바구니 가득 싱싱한 딸기를
갖고 오너라
머리칼에는 레몬 향기 띄우고
살랑거리지도 말고
너무 즐겁게도 말고
있는 그대로 오너라

자극

내 가장 아픈 곳에 와
당신의 가장 아픈 곳만을
심어라

당신의 가장 쓸모없는 부분만
가지고 와서
나의 가장 쓸모없는 부분만
두드려라

내 입안에서 충치가 마저
썩어갈 때쯤
잠시라도 편해서 위태로울 때
내 안주(安住)를 베어버릴
면도날을 갖고 오너라
저녁놀이 붉게 타오르는 뒤뜰
내 선혈도 타오르게 해라

당신과 내가 마주 누우면

1

당신과 내가 마주 누우면
소나기 한 번 내리지 않던 유년의
여름과
잃어버린 크리스마스의 겨울이
되돌아온다

당신과 내가 마주 누워 숨 쉬면
닭이 세 번 울기 전
베드로가 마셨던 포도주가
서쪽 창에 노을로 번지고
내가 가 닿을 수 없는
천국이
거기 벌판으로 자라난다

벌판에는 어느덧
소리 없이 흔들리는 동백꽃이
외로움을 빛내주고
거기 그 계절 위에는

새가 둥우리를 치며 운다

2
우는 새들이
알의 잠을 깨우는 동안
당신과 나의
시간은 가고
당신과 내가 미처 헤아리지 못한
어느 파토스의 강물 대신
가지런한 미래를 열어놓고
기다린다

닭이 세 번 울고서 후회한 베드로의
눈물이
이제는 포도밭을 영글게 해
벌판은 당신과 나뿐만 아니라
모든 비밀을 불러 모은다

버찌

그대는 자그마하게 살아서 흔들리는
호수
누가 바람을 좀 잡아서
갖다 주면
심장을 열고 수만 마리의 벌떼를
날려 보내지

그대는 별들이 흐르는
눈동자
누군가 귀에다 대고
입김을 불면
물고기처럼
가만가만 이야기의 햇살을
퍼뜨리지

아무도 없어요

아무도 없어요.
원고지도 비어 있고
화병도 비어 있어요.
하루 종일 노닐다 간
햇살도
벌써 가고 없어요.

거울 속에는
내 얼굴만 있군요.
근데 얼굴은 없고
생각만 이리저리
굴러 다녀요.

약이 떨어진 볼펜은
권태롭고
약속해주지 않은 채
하루는 가고 있어요.

<

무언가가 있을 것 같은데
너무 억제되어 박혀 있어서
아무것도 보이지 않는 걸까요.

벌써 불을 끌
시간이군요.

가만,

드디어 계단에
발소리가 들리는군요.
누군가 나를 채워주려
오나 봐요.

그러나 역시 아무도
안 와요.
나는 물만 마셔요.
차라리

그리움이 그리움을
삭발하고
거울 앞에 설래요.

필름

그는 오지 않았다
가늘게 비가 오고 있었다
먼지 낀 유리창은 작은 폭포
얼룩말 떼가 지나가고
가장 구석진
벽장 속에는
그를 처음 만났을 때 입었던
이제는 낡은 외투와
하이힐 뒷굽을 붙이라고 사다 준
본드 한 통이
방 안을 반짝이고 있었다
헌데 간밤 꿈에 본 것은
그였던가
어두운 골목에서
외등이 나의 조그만 심장을
비춰주다가
일순간 사라졌다
그러면 골목에서

그림자만을 보았던 것일까
지금 가늘게 내리는 비에
미래가 밀려가고
선사시대가 트럼펫을 불며
가까이 오고 있었다

지구는 돌아간다

지구는 돌아간다
돌아간다
낮이어도 밤이어도
밖에 있어도 안에 있어도
지구는 돌아간다
내가 분별의 상류에 있어도
하류에 있어도
코페르니쿠스가 부인해도
내가 나를 부인해도
지구는 돌아간다
내가 여기서
내가 여기서
가재처럼 실눈을 뜨고
가재처럼 틈바구니에 있어도
나와는 무관하게
나와는 필연으로
지구는 돌아간다
진리의 360°

두려움

당신이 내게 남겨준 것은
아무래도 멀리 있는 축복,
동서남북 열두 달
비껴가다 보면
비껴가던 것들끼리 만나
사랑이 되지

당신이 내게 남겨준 것은
너무나 조용하다고 우는
내 숨소리
깊은 밤에도
나팔꽃 열리는 아침에도
정오의 태양 속에서
환히 열리는 길 위에서도
무서운 내 숨소리

누가 나에게

이렇게 하염없이 세월을
어떻게 눈을 뜨고 사는가
가슴속에 당겨지는 사건도 없이
고통이 없으면 심심해서
어떻게 지내는가 말이다
누구 하나 내 이름 불러주는 이 없이
저녁은 가버리는데
굴뚝에서 피어나는 연기의 처량함이란
사람 사는 정이 아니라
눈시울 뜨거워 지는
내일, 내일,
내일 있을 생활의 몸서리
누가 그 몸서리에 꽃잎 하나
뜯어다 줄까
끝이 있을 오늘이
다 주워 담기에는 너무도 긴 하루여서
어이없는데
밥그릇 속에서 또 그 하루는

얼마나 고되고 고된가
젊고 늙음은
한세상 살아가는 욕에 지나지 않아서
어떻게 맘 놓고
나이나 불러볼까
그렇다고 매양 뜬 눈일 수 없는 내가
홀로 열병을 앓을 수 없는 내가
에라, 에라,

슬픔은 슬픔에게

슬픔은 슬픔에게 던져
주어라
헤아리지 말고
해를 바라보며 탄식하지
말고
봄이면 꽃나무
여름이면 장마
겨울에는 바람 속에 눈꽃 속에
온몸을 띄워라
사시사철 우는 새는
바보, 바보, 바보
구름은 눈물, 눈물,
콧물,
터지는 아픔은
두고두고 아껴 쓰지 말고
아픔에게 던져주어라

알밤

벗겨지며 사는 게
알밤뿐만은 아닐 거야
벗겨지면서도 슬퍼하지 않는 건
역시 알밤뿐만은 아닐 거야
짙푸른 하늘 아래
벗겨지고 살지 않는 일생이
어디 그렇게 있을까
서글퍼해야 소용이 없다는 걸
다 알고 있는 게야
먹고 살기 위해서 벗어던지는 거나
용기가 없어서 껍질을 뒤집어쓰는 거나
매한가지라면
솔직하게 벗는 게 낫지
그러고 보면 알밤은
진짜 알짜 일생을 사는 거야
알짜로 살다가 보면
갑부는 못되더라도
내 집 한 칸쯤은 마련할 테니까

우리는 모두 피로하잖아

아시나요?
늦잠을 자고 일어난 날의 태양은
외려 우리들의 가슴을 피로에 물들이고
언덕을 따라서 끝없이
휩쓸려가는 풀꽃들처럼
어지러운 몸 다시 뉘이게 하는 것을
더불어 휴식이란 짧을수록 좋다는 것을

누구나 말하고 싶겠지요
벽장 속에 한물 간 물건들을 쌓아두고
달력을 넘기며
외출할 때마다 구두끈을 조이는
우리들의 모습이 늘 새삼스러움을
발효되지 않은 포도주처럼
뻑뻑해오는 발걸음을……

아무도 서로를 탓할 수는 없을 것입니다
돋보기를 통해 바라다 본

사물들처럼
섬세하고 과장된 우리들과 우리들

돌아가는 온누리의 중심에서
모두들 아우성치지만
가엾어라, 우리는
덤불 속에서 도사리는 들쥐
낯선 풍경 풍경들

소망

낮에는 살구꽃
살구꽃으로 살다가
밤이 되면
모자를 눌러쓰고
여행이나 떠나볼까
내일은 어찌하나
잘게 씹히는 상념들

낮 동안 쏟아지던
햇빛의 알맹이들
주머니에 채워두었다가
밤이 되면
책상 위에 풀어놓고
불꽃놀이나 붙여볼까
행여나 하며 살을 태우던
나날들

이제는 좀 편안해져야겠다

제4부

예수의 일생

예수는 마구간에서
예쁜 손톱과 발톱을 갖고
태어나
성경을 읽으며 자라났다 한다
예수는 서른세 살이 되어
밤꽃이 피는 숲을 지나
밤꽃 냄새 나는 정액의 선혈을 지나
올리브 동산에서
손톱과 발톱을 빼놓고
기도하였다 한다
기도한 예수는
불을 적시며 해골산을 지나
두 개의 바위와 골짜기를 지나
마지막 노래 한번 부르지 못하고
날개 한번 달아보지 못하고
십자가에 매달렸다 한다
하늘이 두 갈래로 찢어질 때
예수는 숨이 끊어졌다고 한다

탈혼

신발을 버리고 뛰쳐나왔어
팔팔 뛰는 심장을 가지고
너에게 갔어.

시련이여
시련이여 외치며

여름 해와

파리를 날리는 공원을 지나
나무와 달과 언덕을 넘어

느닷없이 나에게 와줄
너를 고대하며
마른 내 뼈를 씹다가

이제는 기다리지도 않고
미친 듯이 달려왔어.

단식기도

1

그해 여름은 창백했었다
가지마다 휘어진 잎들이 무성한 거리에는
낳아도 자라나지 않는 아이들이 득실거리고
나는 새로운 일을 시작하려고 수차례 매질을 했으나
대낮이 깊을수록 대낮의 빛깔은 사라질 뿐 어디서
불어오는 뼈아픈 향기일까 나는 한 방울의 피도 흘리지
못했다

2

그해 여름은 장마도 지나쳐버렸다
하얀 접시처럼 떠있는 태양의 견고함 아래
먹지도 배설하지도 못하고 좀약 냄새나는 골방,
지긋지긋한 찬송가만이 나를 일으켜 자꾸 살라고 살라고
으르렁거리고
그동안 내 속에서 터를 익혀가던 악마는 찬송가의 예민한
침에 자꾸 기절해갔다
어머니, 어머니, 살 껍질이 벗겨지는 것 같아요
그해 여름 어머니는 울지 않았다 어머니, 이건

도박이에요 나는 매일매일 나무를 심어야 해요 공부를
해야 해요 내 딸아 그런 건 나중에 하렴 너는 지금 역신을
물리쳐야 해

  그해 여름 나는 꽃 자줏빛 꽈배기가 된 전신으로
형벌이여 형벌이여 되묻고 되물었다

  어디에나 있고 어디에나 없는 주여,

긴장

나는 더욱더 흰 얼굴이
되려고
온종일 백합을 사서
모았다
천사를 만나려고
온종일 은종이 금종이를
사러 다녔다
나는 더욱더 깨끗해지려고
날이면 날마다 떠오르는
예감을
하나씩 하나씩
총살해 버렸다
나는 더욱더 단순해지기 위해
날이면 날마다
책을 사서 모았다
나는 천사를 만나기 위해
부르튼 발이
나을 새가 없도록

색종이와 셀로판지를
사러 다녔다

천사

 하느님. 당신이 보낸 천사는 너무나 찬란해서 나는 축복 대신 빛나는 저주를 껴안았습니다. 두 팔에 안고 보니 그건 재작년에 쥐약을 먹고 죽은 강아지, 아니 지난밤 꿈속에서 잘린 내 대가리, 벅차디 벅찬 내 언어였습니다.

 눈이 밝은 천사는 아무것도 볼 수 없었습니다. 그는 천국에서 추락하여 번쩍이는 밤과 칼을 갖고 나타나 나에게 갈 곳이 없다며 악몽의 자리 하나만 비워달라고 계속 간청하였습니다. 나는 괴로웠지만 그를 위해 그렇게 했습니다. 불쌍한 건 내가 아니라 천사였습니다.

 천사는 너무나 많은 것을 가졌기 때문에 가진 것이 아무것도 없었습니다. 제자리에 있어야 할 현실과 내일과 불안 위로 태풍이 지나가도 인간의 집들은 무너지지 않고 천사는 제 날개만 찢기웠습니다. 천사는 이제 날개 대신 가면을 써야 합니다.

산

산은 물구나무 선
하느님
내가 가까이 가면 갈수록
멀어지고
멀어지면 가까워지는
하느님

산은 부활하는 새벽
밤새 떠나있던 상념들을
제자리로 불러 모으는
단단한 육체

눈을 뜨고 보면
언제나 높아만 보이는 산이
눈을 감고 보면
내 손바닥의 촉감과도 같다

정경

I

낯모르는 여인이
들국화를 따며 지나가는
아침
커튼 뒤에 숨었던 예수가
별안간 뛰쳐나와
화초에 물을 준다

II

빈 밥그릇 속에
눈먼 바람 하나 떨어졌다가
문틈에 걸린 햇볕보고
막 오라고 손짓하는데
예수는 굽혔던 허리 펴고
그들을 보고 웃는다

가을이 오니까

가장 천박한 나의 몸짓이
승화되는 순간입니다

일요일 아침에도 혼자인 나는
어찌할까. 빨간 사루비아는 지는데
이 부끄러움을
하물며 부끄러움이
삶아지는 순간입니다

헌 팬티를
남몰래 빨랫줄에 널었을 때
열 근도 더 나갔을
나의 안색 같은 부끄러움 말입니다

이제 여름과 여름 사이에서
졸고 있던 기온이
고원을 몰고 올 차례입니다

<

고원에는 아직 저물지 않는 낙엽들이
불고
메마른 예수가 고원의 지붕 위를 서성거리고
그림엽서가 한 장 날아들 것입니다

바야흐로 나의 현명했던 몸짓이
가장 처절해지기 위하여
밤을 지샐 차례입니다.

기도

I

기도하는 사람은
허리가 휜다

기도하는 사람은
과거를 버리고

추락하는 천사를 보고
천사의 찢어진 동공을
본다

II

기도하는 사람은
손에서 피가 난다

기도하는 사람은
미래를 버리고

<

억겁의 죄로

하느님의 포로가 된

악마의 불장난을

본다

침묵하는 눈에는

침묵하는 눈에는
천둥번개가 살고

침묵하는 눈에는
신들이 산다

제5부

메아리

메아리는 언제나
대리석

찬바람으로 흔들리는 계곡마다
버짐 핀 얼굴 부비끼다가
수천수만의 바람 비늘을
낚아다 준다

메아리는 저녁 빛을 조용히
정돈시키고
11월의 싸늘한 가지 위에
일제히 종소리를 울린다

불

싸늘한 정열이
수십 개의 눈을 달고
짐승의 몸짓으로 울부짖는다
나체의 여자가
애무하며 사랑하며
증오하며
일어선다
마술이 시작되고
역사가 일어선다
소멸시켜 타오르는 찬란한
정적이
다만 순간의 일념으로
역사를 꿰뚫고 간다

그림자

30년 동안 키워온 꿈이
한 뼘의 비평으로 끝이 날 때
거리는 들끓고 있었어
들끓는 거리에
들끓는 심정으로 서 있는 나는
차라리 한 덩어리의 공포
나는 조용히 욕망을 죽여야 했어
견디겠다는 일념으로
내 키를 간직했지만
나는 끝없이 흔들리고 있었어
흔들리는 내 키 위에
조용히 3월의 눈이 내리고
다시는 완성하지 못할 꿈이
무성하게 공포로 자라나
3월의 눈을 녹이고 있었어

나의 나비

나비는 살아서도
죽음에 갔다 온다
푸른 장삼 푸른 짚신
걸치고
가냘프게 숨 쉬며
눈꺼풀이 내려앉는
늦은 밤
창가에 와
나를 흔들어 놓는다

나비는 죽어서도
이 땅에 남는다
푸른 날개 노랑 날개
팔랑거리던 시절이
흐린 밤 하늘,
하필이면 두통에
시달리던 날
내 꽃밭의 꽃들을

송두리째 피워놓는다

갑자기

아무도 모를 거야
이 한여름에
문마다 닫아걸고
옷마다 껴입는 나를

벽에 걸린
싸구려 그림이며
시계, 달력
늘 그대로인데

글쎄,
한여름에
소용돌이치는 추위는
웬일일까

아마
하느님도 모를 거야
내가 껴입는 옷이

내 추위를

더욱 춥게 하리라는 걸

밤

밤은 칼날
푸른 나무의 그림자가
내 키를 덮쳐오고
시간들은 일제히
검은 장화를 신고 달려오는
때
불현듯 어디선가
나를 뚫고 가는
태고의 바람소리
아니 그건 비명이었어

모이를 쪼는 비둘기 떼

정말 피둥피둥하기도 하지
살찐 돼지도
저만큼은 비대하지 않을 거야
누가 비둘기를 평화라고 말했는지
모르지만
그 작자는 아마도
대가리가 반쪽일 거야
저렇게 뒤뚱거리며
살찐 주둥이를 들이미는 비둘기
비둘기는 죽어서도
고깃거리조차 안 돼
매일 사람이 뿌려주는 먹이나
처먹으며
공원을 비좁게만 만들어
젠장, 저놈의 비둘기
아예 부잣집 안방에나 들어앉아
터져버리도록 처먹으라지

아담한 내 방

아담한 내 방

늘 거기 놓인 탁자와
긴 소파
필통
타자기
책과 책들

그러나 고양이 달팽이 장미
그런 건 없다
구름이나 구름의 가시
부딪치는 벼락과 벼락
그런 건 살지 않는다

한계도 없이
오고 가는
그런 건 그런 건
살지 않는다

<

내 아담한 방이
내 자유의 전부여서

나는 무슨 숨죽임으로
가만 가만
유리창 밖에 있는 사물들을
끌어모은다

안으로 안으로만 파고드는
내 독백의 가시를
잘라내고

한계도 없이
오고 가는
그런 걸 껴안으며
내 아담한 방에서
살아간다

최측의 농간 | 시 001

아무도 없어요

신판 1쇄 발행 2017년 5월 31일
신판 3쇄 발행 2019년 5월 23일

지은이 | 박서원
펴낸이 | 신동혁
편집 | 안희성
디자인 | 물질과비물질
제작 | 한영문화사
펴낸곳 | 최측의농간
출판등록 | 2014년 12월 31일 제25100-2017-000014호
주소 | 서울시 은평구 통일로 684 301호
전자우편 | choicheuks@gmail.com
블로그 | blog.naver.com/choicheuks
대표번호 | 010-3693-6903
팩스번호 | 0504-467-6903

© 최치민, 2017, printed in Korea

ISBN | 979-11-956129-7-0 (04810)
    979-11-956129-6-3 (04800) (세트)

* 이 책의 판권은 지은이와 최측의농간에 있습니다. 이 책 내용의 전부 또는 일부를 재사용하려면 반드시 양측의 서면 동의를 받아야 합니다.

* 이 도서의 국립중앙도서관 출판예정도서목록(CIP)은 서지정보유통지원시스템 홈페이지(seoji.nl.go.kr)와 국가자료공동목록시스템(www.nl.go.kr/kolisnet)에서 이용하실 수 있습니다.(CIP2017012321)